总体国家安全观普及丛书

GUOJIA JINRONG ANQUAN ZHISHI BAIWEN

# 国家金融安全知识百问

本书编写组

人民出版社

# 前　言

习近平总书记提出的总体国家安全观立意高远、思想深刻、内涵丰富，既见之于习近平总书记关于国家安全的一系列重要论述，也体现在党的十八大以来国家安全领域的具体实践。总体国家安全观所指的国家安全涉及领域十分宽广，集政治、国土、军事、经济等多个领域安全于一体，但又不限于此，会随着时代变化而不断发展，是一种名副其实的"大安全"。为推动学习贯彻总体国家安全观走深走实，引导广大公民增强国家安全意识，在第七个全民国家安全教育日到来之际，中央有关部门在组织编写《国家科技安全知识百问》《国家核安全知识百问》《国家生物安全知识百问》等首批重点领域国家安全普及读本基础上，又组织编写了文化安全、生态安全、金融安全等3个领域的国家安全普及读本。

　　重点领域国家安全普及读本参照《国家安全知识百问》样式，采取知识普及与重点讲解相结合的形式，内容准确权威、简明扼要、务实管用。读本始终聚焦总体国家安全观，准确把握党中央最新精神，全面反映国家安全形势新变化，紧贴重点领域国家安全工作实际，并兼顾实用性与可读性，配插了图片、图示和视频二维码，对于普及总体国家安全观教育和提高公民"大安全"意识，很有帮助。

总体国家安全观普及读本编委会<br>2022 年 2 月

目 录
CONTENTS

---
★ 篇 一 ★

★ **深入理解金融安全** ★

## 篇 二

★ **维护重点金融领域安全** ★

目 录
CONTENTS

篇　三

★　健全金融安全保障　★

## 目 录
CONTENTS

# 目 录

篇一

深入理解金融安全

# 如何理解金融安全的概念？

关于金融安全，通常可理解为，一国的金融体系能够抵御内外部冲击，金融主权相对处于没有危险和不受威胁，国家其他利益处于免受金融手段或渠道所致危险威胁的状态。在此状态下，金融监管制度较为完备，金融基础设施有效运转，金融机构稳健运行，金融风险得以防控，金融活动有序开展，金融环境保持健康。

> ❯ 相关知识 国家安全

《国家安全法》第二条规定：国家安全是指国家政权、主权、统一和领土完整、人民福祉、经济社会可持续发展和国家其他重大利益相对处于没有危险和不受内外威胁的状态，以及保障持续安全状态的能力。

中华人民共和国
国家安全法

**如何理解金融安全与国家安全的关系？**

金融是国家重要的核心竞争力，金融活，经济活；金融稳，经济稳。金融安全是国家安全的重要组成部分，是经济平稳健康发展的重要基础。维护金融安全，是关系我国经济社会发展全局的一件带有战略性、根本性的大事。

> **相关知识** 《国家安全法》对维护金融安全的规定
>
> 《国家安全法》第二十条规定：国家健全金融宏观审慎管理和金融风险防范、处置机制，加强金融基础设施和基础能力建设，防范和化解系统性、区域性金融风险，防范和抵御外部金融风险的冲击。

《国家安全法》公布施行

**我国金融安全的最大保障是什么？**

　　中国共产党历来高度重视对金融工作的领导，党的领导是我国金融安全的最大保障。革命战争年代，中国共产党领导下的革命政权建立银行、发行货币，为革命的全面胜利奠定了基础。新中国成立后，党采取有力措施，治理通货膨胀，实现货币主权的完整和货币制度的统一，促进了国民经济的快速恢复和社会主义建设的开始。改革开放以来，金融业在党的领导下发生了历史性转变，金融系统日益健全，有效应对亚洲金融危机和国际金融危机。迈入新的百年征程，维护好我国金融安全，必须坚持党的全面领导。

**中共中央政治局就切实做好国家安全工作举行第二十六次集体学习**

# 为什么说保障金融安全与服务实体经济是有机统一的关系？

实体经济是金融的根基，实体经济稳步发展是金融业稳健运行的前提和基础。金融的本质是服务经济社会发展，金融业保持安全稳健运行，守住不发生系统性金融风险的底线，是确保实体经济健康、可持续发展的重要保障。金融与实体经济共生共荣，金融风险是实体经济结构性失衡的反映。只有金融与实体经济形成良性循环，才能从根本上防范化解金融风险，维护金融安全。

# 维护金融安全的工作思路是什么？

维护金融安全，要坚持底线思维，坚持问题导向，在全面做好金融工作基础上，着力深化金融改革，加强金融监管，科学防范风险，强化安全能力建设，不断提高金融业竞争能力、抗风险能力、可持续发展能力，坚决守住不发生系统性金融风险底线。

习近平在中共中央政治局第四十次集体学习时强调：金融活经济活金融稳经济稳　做好金融工作维护金融安全

## 6 为什么说防范化解金融风险是维护金融安全的重要组成部分？

金融风险有隐蔽性、复杂性、突发性、外溢性。防范化解金融风险，有助于保障货币和财政政策稳健有效，金融机构、金融市场和金融基础设施能够发挥资源配置、风险管理和支付结算等关键功能，金融生态环境不断改善，维护政治、经济和社会稳定。加强对金融风险尤其是系统性金融风险的防范化解，是金融安全工作的重中之重。

## ❯ 重要论述　　主动防范化解系统性金融风险

　　要把主动防范化解系统性金融风险放在更加重要的位置，科学防范，早识别、早预警、早发现、早处置，着力防范化解重点领域风险，着力完善金融安全防线和风险应急处置机制。

　　——习近平总书记 2017 年 7 月 14 日在第五次全国金融工作会议上的讲话

## ❯ 延伸阅读　　防范化解重大金融风险攻坚战

　　防范化解重大风险攻坚战，是党的十九大确定的三大攻坚战之一。在党中央、国务院的坚强领导下，金融系统按照"稳定大局、统筹协调、分类施策、精准拆弹"的方针，认真贯彻落实各项决策部署，坚决打好防范化解重大金融风险攻坚战，取得重要阶段性成果。系统性金融风险上升势头得到遏制，金融脱实向虚、盲目扩张得到根本扭转，金融风险整体收敛、总体可控，金融业平稳健康发展。

习近平在省部级主要领导干部坚持底线思维、着力防范化解重大风险专题研讨班开班式上发表重要讲话

## 金融改革与金融安全有什么关系？

　　深化金融改革是维护金融安全的重要任务。持续推进金融改革，建立健全现代金融企业制度，构建现代金融监管框架，完善金融市场体系，优化金融资源配置，改善融资结构，有助于增强金融体系抗风险能力，强化金融服务实体经济可持续性，为维护金融安全提供坚实保障。

### ❯ 延伸阅读　大型国有商业银行改革

　　20世纪90年代，我国银行业不良率高企，特别是大型国有商业银行历史包袱重，资本充足率严重不足，迫切需要进行全面深刻的改革，使其恢复

到健康状态。2002年召开的全国金融工作会议指出，对国有商业银行进行综合改革是整个金融改革的重点。2003年9月，国有独资商业银行股份制改革试点工作领导小组成立，确定了包括核销资产损失、剥离和处置不良、国家注资、公开上市的财务重组"四步曲"。股份制改革后，大型商业银行建立了现代公司治理架构，创建了相对独立的内部审计体系，治理能力和治理水平不断提升，财务状况根本好转，内控机制和风险管理能力不断增强，国际竞争力和市场地位进一步提升。2011年以来，中、工、农、建四家国有商业银行先后入选全球系统重要性银行（G-SIBs）。英国《银行家》杂志公布的2018—2021年度世界银行1000强排名显示，四家国有商业银行一级资本实力连续四年位居全球前四。

**8 金融开放与金融安全有什么关系？**

金融开放促进资金流动和国际贸易更加自由，减少要素扭曲，促进不同国家之间分工合作，有助于分散经济运行中的潜在风险。但在金融体系尚不完善的情况下，过度的金融开放也可能给经济金融体系带来挑战。金融开放后资本流动波动性加大，加剧国内金融市场的脆弱性；金融体系与其他经济体联动效应增强，更易受其他经济体经济衰退和金融危机的溢出效应影响。因此，扩大金融开放的同时，需要不断完善金融风险防控体系，有效维护金融安全。

**❯ 延伸阅读** **我国金融业开放稳步推进**

我国一直坚持自主稳妥有序地扩大金融业开放，已经取得突破性进展，基本建立了外商投资准入前国民待遇加负面清单的管理制度。银行、证券、基金管理、期货、人身险领域的外资持股比例限制彻底取消，展业范围也大幅放宽；企业征信、信用评级、支付清算等领域均已给予外资国民待遇；资本市场双向开放持续扩大，会计、税收、交易等配套制度也在逐步与国际接轨。外资金融机构积极有序进入中国市场，呈现出"百花齐放"的局面。

 **"十四五"时期我国如何维护国家金融安全？**

健全金融风险预防、预警、处置、问责制度体系，落实监管责任和属地责任，对违法违规行为零容忍，守住不发生系统性风险的底线。完善宏观审慎管理体系，保持宏观杠杆率以稳为主、稳中有降。加强系统重要性金融机构和金融控股公司监管，强化不良资产认定和处置，防范化解影子银行风险，有序处置高风险金融机构，严厉打击非法金融活动，健全互联网金融监管长效机制。完善债务风险识别、评估预警和有效防控机制，健全债券市场违约处置机制，推动债券市场统一执法，稳妥化解地方政府隐性债务，严惩逃废债行为。完善跨境资本流动管理框架，加强监管合作，提高开放条件下风险防控和应对能力。加强人民币跨境支付系统建设，推进金融业信息化核心技术安全可控，维护金融基础设施安全。

"十四五"规划和2035年远景目标纲要
正式发布

## 》 重要论述　准确判断风险隐患

准确判断风险隐患是保障金融安全的前提。总体看，我国金融形势是良好的，金融风险是可控的。同时，在国际国内经济下行压力因素综合影响下，我国金融发展面临不少风险和挑战。

——习近平总书记 2017 年 4 月 25 日在中共中央政治局第四十次集体学习时的讲话

# 篇二

# 维护重点金融领域安全

维护货币币值稳定有什么重要
意义？

货币币值稳定是指物价水平基本稳定，不发生严重通货膨胀或通货紧缩。保持币值稳定，并由此为经济增长营造适宜的货币环境，是货币政策的根本目标。如果货币币值不稳定，甚至发生严重通货膨胀或通货紧缩，将削弱价格引导资源配置的功能，影响企业的正常生产和商品供给，引发债权人、债务人之间的财富和收入再分配，并可能危及经济稳定运行，造成严重的社会后果。坚持以人民为中心，必须保持货

币币值稳定，保障居民购买力和生活水准，维护广大
人民群众的根本利益。

 **为什么要关注跨境资本流动？**

　　跨境资本有序流动有利于在全球范围内优化资源
配置并提高各国福利水平，有助于全球经济增长。但
历史经验表明，跨境资本流动带来收益的同时也伴随
着风险，跨境资本流动尤其是短期资本流动具有逐利

性、顺周期和易超调等特点，短期内资本大规模无序流动可能对一国或全球经济金融稳定产生重大冲击。当资本大规模流入时，可能推升资产价格，压缩货币政策操作空间，刺激金融机构过度承担风险，加剧金融体系脆弱性；当资金突然大规模流出时，可能引发货币贬值，导致风险集中暴露。从历史上看，新兴经济体曾多次出现跨境资本"大进大出""快进快出"，引发系统性金融风险。

> ❯ 相关知识　跨境资本流动

　　跨境资本流动也叫国际资本流动，是经济全球化的伴生物，主要指资本在各经济体之间的转移，包括资本流入和流出两个方面。按照投资方式，跨境资本流动主要可以分为直接投资、证券投资和其他投资（存贷款等）。

> ❯ 延伸阅读　全球跨境资本流动变化情况

　　21世纪以来，全球跨境资本流动经历了多次变化。2000—2013年，国际资本持续流入新兴经济体；

2014—2016 年，国际资本从新兴经济体大幅流出；2017—2019 年，全球资本流动总体稳定；2020 年，全球新冠肺炎疫情暴发，部分发达国家实施超宽松货币政策，此后逐步转向正常化，全球跨境资本流动的速度、流向以及分布结构均处于动态变化之中。

## 如何防范跨境资本流动风险？

防范跨境资本流动风险是一项系统性工程，应坚持金融服务实体经济的原则，妥善处理好改革、发展与稳定的关系，在可持续发展中防范跨境资本流动风险。同时，坚持预防与应对相结合，加强各类政策工具协调配合，积极运用市场化方式化解有关冲击，依法科学应对，做到迅速、稳妥、高效、灵活。

**❯ 延伸阅读**　我国跨境资本流动变化情况

　　近年来，我国经济增长更加稳健，经济结构不断优化，经常账户顺差持续运行在合理均衡区间，内外部经济平衡的基础更加稳固，为跨境资本均衡流动创造有力基础支撑。同时，人民币汇率形成机制改革取得重大成效，汇率弹性增强，市场交易更加理性有序；金融市场双向开放稳步推进，外资来华和境内主体对外投资渠道均拓宽，跨境资本流动宏观审慎管理框架逐步完善，为跨境资本均衡流动创造有利的市场和政策环境。

我国跨境资本流动变化情况

数据来源：国家外汇管理局。

021

# *13* 政府债务对经济发展有什么作用和影响？

　　作为市场经济的参与主体之一，政府通过适当举债，可以平滑财政收支的暂时性缺口，扩大财政支出，投资公共领域，改善经济效率。尤其是在特殊时期，可以加大举债力度，实行积极的财政政策，从而提振消费、促进投资、培育产业发展，刺激经济增长。但是过度举债会影响一国财政的可持续性，可能造成财政和金融风险，还可能抬升市场利率、对私人投资产生挤出效应，抑制经济的长期增长。一旦一国政府出现债务违约，将对该国政治环境、经济发展、社会治理和国际声誉造成较大负面影响。

# *14*　如何衡量政府部门债务的安全性?

衡量政府部门债务可持续性（即债务风险）的指标通常有负债率（年末债务余额 / 当年 GDP）、赤字率（当年财政赤字 / 当年 GDP）和债务率（债务余额 / 综合财力）等。例如，欧盟要求加入欧元区的国家负债率不得超过 60%，赤字率不得超过 3%。国际清算银行研究表明，当政府部门债务超过 GDP 的 85% 时，债务的继续增长会对经济增长产生拖累。近年来，针对一些经济体政府部门债务水平持续保持高位的情况，经济学家研究提出，经济增长率和利息率的关系改变了债务安全性的含义。在利率下行和经济快速增长的情况下，政府部门债务的利息成本下降、可持续性增强。

## 15 如何看待企业部门债务问题？

　　企业部门合理负债有助于扩大投资和生产，增加企业收益，提高社会资源配置效率。但若企业部门债务水平过高，则会增加经济波动性和金融脆弱性，给经济增长带来不利影响。一是由于偿债负担过重，企业收益必须优先用于偿还债务，导致企业投资意愿下降，经济活力不足。二是当企业部门难以偿还债务时，可能导致其银行贷款和债券发生违约，威胁金融稳定。

三是部分高负债企业依靠"借新还旧"沦为"僵尸企业"，客观上阻碍了新的企业进入市场，挤占人力、信贷等资源，导致资源错配，阻碍总投资和经济增长。

## 如何衡量企业部门债务风险？

　　衡量企业部门债务风险的指标主要有企业部门债务 /GDP、资产负债率（负债 / 资产）、利息保障倍数（收入 / 利息支出）、债务收入比（债务 / 收入）等。国际清算银行研究表明，当一国的企业部门债务超过GDP 的 90%时，就会拖累经济增长。

### ❯ 延伸阅读　企业部门债务水平国际比较

　　企业部门债务规模和杠杆率的高低与一国的发展阶段、金融结构存在密切关系。根据国际清算银行数据，2020 年末，美国企业部门杠杆率为 84.7%，英国为 79.9%，法国为 169.5%，日本为 115.7%，加拿大为 132.9%，我国为 160.6%。我国企业部门债务在全球主要经济体中偏高，一方面由于我国是发展中国家和追赶型经济体，在发展过程中有一个杠杆率比较高的阶段，目前已经呈现稳中趋降的态势。另一方面，由于我国储蓄率较高（45%左右），形成了依赖银行融资的企业间接融资结构，加之资本市场不够发达，股权融资规模相对较小，导致企业部门债务余额较高。

## 17 涉外债务有什么风险？

债权债务的国际化是经济全球化的重要特征。通过借入外债，经济主体能够更加充分利用国际国内两个市场、两种资源，拓宽融资渠道。但过度依赖对外债务融资将容易受到外部冲击。一旦汇率、利率和外汇储备大幅波动，以外币计价的涉外债务可能面临较大的偿付压力，债务违约风险也会上升。

**相关知识**　我国全口径外债的统计口径

我国全口径外债按照国际货币基金组织《外债统计：编制者和使用者指南》进行统计。按照债务工具可分为贷款、债务证券（中国机构在境外发行债券和外国投资者投资境内人民币债券）、货币存款（含非居民在境内银行的存款）、贸易信贷与预付款（企业因贸易资金收付和货物所有权转移时间不同而产生的负债，包括延期付款和预收货款）、直接投资关联企业的贷款五类。按币种可分为本币外债和外币外债。

# 18 如何衡量涉外债务的安全性？

国际上通常采用负债率（外债余额/GDP）、债务率（外债余额/出口收入）、偿债率（外债还本付息/出口收入）以及短期外债与外汇储备之比四个指标来判断外债整体风险。

## 延伸阅读 　我国涉外债务的安全性

　　近年来，我国外债规模适中，总体与经济总量相匹配，债务率、负债率、偿债率等主要风险指标均在国际公认的安全线以内，且显著低于大部分发达国家和新兴经济体，总体上涉外债务风险可控。外债增长主要是境外投资者购买境内中长期人民币债券，体现了金融市场开放背景下人民币资产对外资吸引力不断增强，且人民币外债和中长期外债占比稳步提升，有利于降低偿付风险。

近年来我国外债规模变化情况

数据来源：国家外汇管理局。

# 19　为什么要建立系统重要性金融机构的监管框架？

系统重要性金融机构规模大、结构和业务复杂度高、与其他金融机构关联性强，在金融体系中提供难以替代的关键服务，一旦发生重大风险事件而无法持续经营，将对金融体系和实体经济产生不利影响，甚至引发系统性风险。因此，必须建立系统重要性金融

机构监管框架，对系统重要性金融机构进行有效识别、监管和有序处置，维护金融体系稳健运行。

> ❯ **延伸阅读** 雷曼兄弟公司破产的教训

　　2008 年，美国雷曼兄弟公司经营陷入困境，其在全球的债权人共提出涉及 1.2 万亿美元债权主张，其中仅金融衍生品合约就涉及 6000 个交易对手及 90 万份交易合约的处置。9 月 15 日公司宣布破产后，各衍生品交易对手面临提前终止合约或延迟终止合约，且需同时处置合约所涉及的担保品，对金融市场造成极大压力，导致风险在金融体系内加速传染，该公司在全球 21 个国家的 209 家子公司也相继申请破产，加剧了危机恶化和蔓延。这一事件反映出当时的金融监管体系缺乏对系统性风险的有效防范，对大型复杂金融机构监管不力，"大而不能倒"问题突出。

## 什么是金融基础设施？

金融基础设施通常指为各类金融活动提供基础性公共服务的系统及制度安排。目前，纳入金融基础设施国际监管标准范畴的主要包括：支付系统、金融资产登记托管机构、清算结算机构（包括中央对手方）、交易报告库，同时各国监管部门还可自主确认是否将交易所和交易平台纳入。

## 为何说金融基础设施对于金融安全具有重要作用？

金融基础设施在金融市场运行中居于枢纽地位，天然具有跨机构、跨行业、跨市场的特征，对于金融体系的安全与稳定具有重要意义。一是金融基础设施服务效率的高低和质量的优劣，决定了金融市场定价和资源配置是否有效。二是金融基础设施自身稳健运行对于金融市场安全高效运转和风险防范具有全局性影响，一旦出现问题易引发系统性风险。三是金融基础设施集中了各类金融活动完整、准确、实时的信息，是金融管理部门实施宏观调控和穿透式监管的重要抓手。

## 22 金融领域的国际监管标准制定机构主要有哪些？

目前，国际上主要的金融监管标准制定机构包括巴塞尔银行监管委员会、国际保险监督官协会、国际证监会组织、支付与市场基础设施委员会等。

巴塞尔银行监管委员会（Basel Committee on Banking Supervision，BCBS）于 1974 年在瑞士成立，由45 个成员机构组成。成立以来，BCBS 发布了一系列银行监管规则和风险管理原则、指引及最佳做法，提出了以《巴塞尔协议》为核心的国际监管标准，在统一全球银行资本监管标准、增强国际银行监管一致性、提高金融体系的稳健性方面发挥了重要作用。

国际保险监督官协会（International Association of Insurance Supervisors，IAIS）于 1994 年在瑞士成立，由 214 个成员机构组成。IAIS 职责包括制定国际保险监管原则与标准，发布国际保险行业动态信息，预测国际保险发展趋势，为国际保险界提供交流平台，提高成员国监管水平。

国际证监会组织（International Organization of Securities Commissions，IOSCO）成立于 1983 年，总部设在西班牙，由 230 个成员机构组成。IOSCO 致力于制定国际公认的证券期货监管和执法标准并推动实施，加强证券期货执法、市场及中介监管方面的交流合作，为会员机构提供全球和地区层面经验交流平台等。

支付与市场基础设施委员会（Committee on Payments and Market Infrastructures，CPMI）前身是 1990 年设立的支付结算体系委员会（CPSS），2014 年正式更名为 CPMI。CPMI 由 28 个经济体的中央银行组成，秘书处设在瑞士，旨在全球范围内强化支付、清算和结算安排的监管、政策和相关实践，提高相关安排的安全性和有效性，支持金融稳定和经济发展。

## 金融风险有什么特点？

金融风险的基本特征主要有：一是不确定性，金融风险的影响因素和结果难以预测。二是相关性，金融机构所经营的商品是货币，其特殊性决定了金融机构同经济和社会的紧密相关性。三是高杠杆性，金融企业负债率偏高、财务杠杆大，导致负外部性大。四是传染性，金融机构承担中介职能，由众多金融机构组成的中介网络互相关联，任何一方出现风险，都有可能对其他主体产生影响，甚至发生区域的、行业的金融风险。上述特征使得金融风险的传导呈现链式反应形态，金融机构出险易引发"多米诺骨牌效应"，有可能导致系统性风险，进而威胁金融安全。

## 24 金融机构日常经营面临哪些风险？

　　按诱发风险的原因，金融机构面临的风险可以划分为信用风险、市场风险、操作风险、流动性风险、声誉风险、保险风险、国别风险、法律风险与战略风险。

 **金融机构面临的主要风险**

　　信用风险是指信用活动中由于债务人或交易对

手未能如期偿还债务或履行合同规定义务而给金融机构造成损失的风险。

市场风险是指因市场价格的不利变动而给金融机构带来损失的风险，通常可分为利率风险、汇率风险、股票价格风险和商品价格风险等。

操作风险是指由不完善或有问题的内部程序、员工行为和信息科技系统，以及外部事件所造成损失的风险。

流动性风险是指金融机构无法以合理成本及时获得充足资金，用于偿付到期债务、履行其他支付义务和满足正常业务开展的风险。

声誉风险是指由于金融机构行为或外部事件及其工作人员违反廉洁规定、职业道德、业务规范、行规行约等相关行为，导致市场和公众对机构形成负面评价。

保险风险是指保险公司由于对死亡率、疾病率、赔付率、退保率等判断不正确导致产品定价错误或准备金提取不足，再保险安排不当，非预期重大理赔等造成损失的可能性。

**典型案例**　**操作风险引发市场波动**

　　2013 年 8 月 16 日，某证券公司在进行交易型开放式指数基金（ETF）申赎套利交易时，因程序错误，其所使用的策略交易系统以 234 亿元巨量申购 180ETF 成分股，实际成交达 72.7 亿元，远超内部核定的交易员当日现货交易额度。该异常交易导致上证综指盘中出现大幅波动，瞬时上涨 5.96％，中国石油、中国石化、工商银行、中国银行等大盘蓝筹股涨停。经调查，本次事故的原因为该证券公司内控缺失、管理混乱，自营业务套利系统存在技术设计缺陷，导致生成巨量市价委托订单，直接发送至上交所。该事件是我国资本市场建立以来首例因交易软件缺陷引发的极端个别事件。

# 25 金融机构管理风险的主要策略是什么？

　　金融机构通常运用的风险管理策略可以大致概括

为风险分散、风险对冲、风险转移、风险规避和风险补偿五种策略。风险分散是指通过多样化的投资来分散和降低风险；风险对冲是指通过投资或购买与标的资产收益波动负相关的某种资产或衍生产品，来冲销标的资产潜在损失；风险转移是指通过购买某种金融产品或采取其他合法的经济措施将风险转移给其他经济主体；风险规避是指金融机构退出某一业务领域或市场，以规避相关风险；风险补偿是指金融机构在开展的业务活动造成实质损失之前，对其进行风险补偿。

 **金融管理部门如何加强金融风险监测评估？**

金融风险监测评估是指金融管理部门综合运用非现场监测、现场检查、专项调查等方法，通过监测分析金融机构、金融市场、金融产品面临的信用风险、市场风险、操作风险、流动性风险等变化情况，综合评估金融体系的稳健性，及时识别具有脆弱性的风险点和金融机构，并提出相应政策措施建议。风险监测评估需要科学设定风险预警指标，加强数据信息共享机制建设，充分利用大数据、云计算、人工智能等科技手段对数据信息进行汇总、挖掘和分析，提升风险监测预警的数字化智能化水平。

 **什么是银行资本监管?**

银行资本是银行在经营过程中用于承担经营风险的本钱，银行资本储备充足，可以覆盖潜在风险和应对外部冲击，是维护金融稳定和市场信心的关键。银行资本监管是监管机构为促进银行审慎经营，维护银行体系稳健运行，保护存款人利益，要求银行必须持有用于抵御风险的资本并对此进行审慎监管的制度。

## 28 什么是保险业偿付能力监管？

偿付能力是指保险公司对保单持有人履行赔付义务的能力。偿付能力监管是现代保险监管的核心，要求保险公司保持充足资本，以应对未来风险，确保对保单持有人的赔付能力。

# *29* 什么是影子银行风险?

影子银行这一概念在 2007 年提出,用于指代所有具备杠杆作用的非银行投资渠道、工具和机构。金融稳定理事会(FSB)持续对全球影子银行业务进行监测。2011 年,FSB 将影子银行定义为"正规银行体系之外,可能因期限/流动性转换、杠杆和有缺陷的信用转换而引发系统性风险和存在监管套利等问题的机构和业务构成的信用中介体系"。影子银行在促进社会投融资方面发挥了积极作用,但普遍具有高杠杆、资金来源不稳定、期限错配、易引发"挤兑"等特点。此外,影子银行对银行融资的依赖度较大,其风险容易溢出到传统银行体系,并使风险加倍放大。

> **❯❯ 延伸阅读** **全球影子银行风险监测**
>
> 2011 年起,FSB 每年发布全球影子银行监测报告,对主要经济体影子银行发展趋势和风险进行监

测评估。2018 年,FSB 将"影子银行"一词调整为"非银行金融中介(NBFI)"。FSB 监测表明,2011 年以来,非银行金融中介资产规模稳定增长,在向实体经济提供融资、管理家庭和企业储蓄方面发挥着越来越重要的作用。FSB 在 2021 年 12 月发布的《全球非银行金融中介监测报告(2021)》中指出,虽然受新冠肺炎疫情影响,2020 年上半年金融市场大幅波动,但非银行金融中介各项风险指标总体基本稳定。

 我国为什么要对资产管理业务进行规范?

2018 年以前,我国资产管理业务在快速发展过程中显露出诸多乱象，影子银行特征明显，偏离直接融资本源，影响了金融服务实体经济的质效，形成一些风险隐患。例如，资产管理产品普遍刚性兑付，扭曲了资金价格，违背了"风险—收益"匹配原则，导致信用风险在金融体系累积。在资金池运作模式下，风险隔离形同虚设，期限错配严重，部分产品兑付需借助发行新产品，加大了流动性风险。产品结构复杂，层层嵌套，底层资产不清，规避投资范围等监管要求，资金在金融体系内循环，推高了融资成本。在此背景下，金融管理部门对资产管理业务进行规范，2018 年以来，相继出台《关于规范金融机构资产管理业务的指导意见》（简称资管新规）及一系列配套细则，统一监管标准，消除套利空间，整治市场乱象，促进资产管理行业回归本源，更好地服务经济高质量发展。

> ❯ **延伸阅读**　**资产管理产品刚性兑付的危害**
>
> 　　我国的资产管理业务涉及银行、证券、保险、信托等各类金融机构。在资管新规出台前，资产管

理产品承诺或隐性承诺"保本保收益"情况较为普遍，投资者形成刚性兑付的预期。部分机构通过提高"预期收益率"吸引投资者，并通过投资高风险资产、资金池运作、自有资金或第三方资金垫付等方式，实现承诺的高收益。刚性兑付不仅抬高了无风险收益率水平，影响了金融资源和社会资源的配置效率，还会加剧道德风险，诱使投资者形成漠视风险、一味追求高收益的投机心理。投资者不担风险却坐享收益的局面不可持续，背后透支的是政府信用，损害了基本的市场规则。对金融机构而言，一旦存在第三方兜底的预期，也会忽视尽职调查和风险控制。

 **如何理解支付清算系统安全的重要意义？**

支付清算系统是为银行和金融市场提供资金清算的公共平台，是我国社会资金运动的"高速公路"，已成为我国重要金融基础设施。因此，建立和完善统一、高效、安全的支付清算系统不仅对社会经济发展和金融稳定具有重要意义，也有利于改善金融服务、增进民生福祉以及维护公众对货币体系的信心。

## 征信系统对维护金融安全的作用是什么？

征信系统是指征信机构与信息提供者协议约定，或者通过互联网、政府信息公开等渠道，对分散在社会各领域的企业和个人信用信息，进行采集、整理、保存和加工而形成的信用信息数据库及相关系统。征信系统处理的信息涉及个人隐私和商业秘密，提供的服务关系金融风险防范。良好的信用环境，尤其是征信系统的建立健全，有利于保障信贷交易的公平，有助于金融机构识别防范信用风险、改进资产质量、提高信贷市场效率。

# *33* 维护征信系统安全包含哪些工作?

维护征信系统安全主要包括安全管理、安全技术和业务运作等方面的工作。安全管理聚焦管理制度、管理机构、人员管理、系统建设管理、系统运维管理等事项。安全技术着眼客户端、通信网络、服务端等事项。业务运作包括系统接入和注销、信息采集和处理、安全检查和评估等事项。

> **❯ 延伸阅读** **征信系统安全管理的相关要求**
>
> 2013 年出台的《征信业管理条例》,明确要求征信机构按照规定建立健全和严格执行保障信息安全的规章制度,并采取有效技术措施保障信息安全。2014 年出台的《征信机构信息安全规范》,指导征信系统的建设、运行和维护。2021 年出台的《征信业务管理办法》,明确要求个人征信系统、保存或者处理 100 万户以上企业信用信息的企业征信系统应具

备三级或者三级以上网络安全保护等级。

《征信业管理条例》发布

# 34　如何认识信用评级的作用?

　　信用评级是独立的信用评级机构对影响评级对象的诸多信用风险因素进行研究，就评级对象偿还债务的能力和意愿进行综合性预测和评价，并且用简单明了的符号加以标注。客观公正的信用评级有助于解决投资者面临的信息不对称问题，在发现价格、揭示风险、提高效率等方面能够发挥积极作用。信用评级的独立性、方法的有效性、信息披露的充分性等因素对评级结果的客观公正具有重要影响。

# *35* 洗钱有什么危害?

　　洗钱作为一种犯罪活动，其规模大、覆盖面广，对宏观经济、金融安全和社会公平都是重大威胁隐患。洗钱最显而易见的危害在于犯罪分子通过隐藏和转移犯罪所得，为犯罪活动提供进一步的资金支持，助长更严重和更大规模的犯罪活动。其次，洗钱会滋生地下经济金融活动，使大量非法收入在正规经济体系之外循环，造成资金无规律流动，冲击正常经济金融秩序，造成国家税收损失，削弱国家宏观经济调控效果，严重危害经济健康发展。此外，洗钱还会滋生和助长腐败，败坏社会风气，导致社会不公平。一旦被认定为"洗钱高风险国家"，一国的对外经济金融交往在国际上将面临他国严格审查，极大阻碍国家经济金融发展。

## ◗ 延伸阅读 "洗钱"一词的来源

　　早在 20 世纪 20 年代至 30 年代，美国芝加哥地区的黑手党为了掩饰、隐瞒非法收入，通过开办洗衣店，将非法所得与洗衣店合法收入混同进行报税，由此出现"洗钱"一词。

　　"洗钱"（Money Laundering）一词正式出现在媒体上，始于 20 世纪 70 年代初的"水门事件"。时任美国总统理查德·尼克松因"水门事件"而下台，一个重要原因就是他的竞选团队将非法收受的竞选捐赠资金通过境外账户转移以掩盖其来源，用于助选。在这一事件中，多家报社如英国卫报、美国纽约时报在报道时都使用了"洗钱"一词。"洗钱"遂

被广泛用来形容掩饰、隐瞒不正当资金。

# 36 恐怖融资有什么危害？

恐怖融资为恐怖组织和恐怖分子从事恐怖活动提供资金等物质基础和来源，助长恐怖主义，给社会带来极大恐慌，对人民群众的生命财产安全造成巨大损害，阻碍社会稳定发展。

**❯ 相关知识　恐怖融资的概念**

恐怖融资一般是指以资助恐怖主义活动、恐怖组织和恐怖分子为目的，募集、转移、提供各类资产。恐怖融资的资产来源可能是非法的，也可能是合法的。也就是说，不论资产形式，不论来源合法与否，只要是资助恐怖主义相关的活动、组织和个人，都属于恐怖融资活动。

# 如何打击洗钱和恐怖融资？

　　基于对洗钱和恐怖融资危害性的认识，各国高度重视反洗钱和反恐怖融资工作。在法治层面，各国不断完善反洗钱法律法规，严格反洗钱监管，扩大反洗钱领域，挤压非法资金流动的空间。在机构层面，各国积极推动本国金融机构建立健全反洗钱内控

机制，从源头管控洗钱风险。在国际合作层面，多国签署并执行联合国在反洗钱、反恐怖融资领域的法律文件，包括《联合国禁毒公约》《联合国打击跨国有组织犯罪公约》《联合国制止向恐怖主义提供资助的国际公约》《联合国反腐败公约》等；同时，通过建立反洗钱金融行动特别工作组（FATF）等国际组织，在金融监管、情报合作、司法协助等领域加强反洗钱合作。

## 反假货币工作具有什么重要意义？

　　制作伪造、变造的假币属于违法犯罪活动。假币违法犯罪活动严重扰乱社会经济金融秩序，侵害国家和人民群众的利益。反假货币工作始终是关乎国计民生的一项重要工作，做好反假货币工作，打击假币违法犯罪活动，对于维护群众利益、人民币信誉和国家安全具有十分重要的意义。

警惕假币陷阱　共筑平安家园

 **互联网平台从事金融业务的风险有哪些？**

近年来，部分互联网平台在经营活动中，出现了一些问题：一是将金融业务拆装组合为"创新业务"，突破金融分业经营的基本格局，产生监管空白和套利。二是投资控股多种金融机构，公司治理机制不健全，防火墙机制缺失，风险容易交叉传染且不易发现。三是互联网贷款业务降低信贷门槛，放大杠杆水平，快速积聚信用风险。四是通过交叉补贴、低价倾销等方式抢占市场，利用市场支配地位排斥竞争对手，不利于公平竞争。五是过度收集使用用户数据，侵犯消费者权益。

 **金融业网络安全面临哪些挑战？**

近年来，信息科技已成为金融业发展进步的重要手段，金融数字化进程不断推进。在此过程中，网络技术与金融业务风险交织叠加，金融业网络安全防护面临严峻挑战。一是由于技术发展不平衡，金融领域关键核心技术安全可控能力有待提升，供应链"卡脖子"问题逐渐凸显。二是网络攻击手段不断翻新，针对金融机构发起的有组织的网络攻击行为愈演愈烈，金融数据安全受到威胁。三是随着人工智能、区块链等技术创新应用渐广，算法本身的不完备性以及对技术的认知不足等问题也日益显现。

## 金融数据存在怎样的风险？

　　长久以来，金融机构在业务经营中积累了大量客户、交易和管理等方面的金融数据。金融数据具有海量、广泛、复杂、敏感、价值高的特点。随着大数据技术的蓬勃发展，金融数据在各场景中和各行业间共享范围不断延展，金融信息系统多头对接，数据交互频繁。在这一背景下，针对数据资产的网络攻击手段快速翻新，数据滥用问题凸显，数据泄露时有发生，金融数据成为勒索攻击等新兴网络攻击的首要目标，金融数据和个人信息保护面临严峻考验，对数据治理与信息保护能力提出了更高要求。

## 如何提升金融数据保护和风险防范的能力？

　　一方面，强化制度保障，加强金融数据安全制度顶层设计。完善金融数据安全防治的行业标准，推动金融机构制定安全策略，建立健全用户信息保护制度，规范数据开放共享机制，严格把控数据滥用风险。另一方面，强化技术保障，加强金融数据安全基础设施建设。加大技术研发和人才培养力度，全面应用自主可控密码算法，保障金融数据全生命周期安全，在保护数据隐私的前提下，实现数据资源多方共享利用。

## 非法集资的常见手法及危害有哪些？

　　非法集资形式多样，常见手法有：一是编造"天上掉馅饼""一夜成富翁"的神话，许诺投资者高额回报。二是通过注册合法的公司或企业，打着响应国家产业政策、开展创业创新等幌子，编造各种虚假项目。三是通过电视、网络、报刊等媒介进行宣传，或利用社会捐赠等方式，虚假宣传造势，扩大社会影响力。四是采取类传销的手法，利用亲情、地缘关系，使参与人员迅速蔓延，集资规模不断扩大。非法集资涉及面广，隐蔽性强，不仅侵害人民群众财产安全，而且破坏正常经济金融秩序，侵犯国家金融管理制度，影响社会安全稳定。

> **相关知识　非法集资**
>
> 　　根据《防范和处置非法集资条例》，非法集资是指未经国务院金融管理部门依法许可或者违反国家金融管理规定，以许诺还本付息或者给予其他投资回报等方式，向不特定对象吸收资金的行为。

**中国银行保险监督管理委员会微信公众号**

# 44 如何避开非法集资陷阱？

四看。一看融资合法性，除了看是否取得企业营业执照，还要看是否取得相关金融牌照或经金融管理部门批准。二看宣传内容，看是否含有或暗示"有担保、无风险、高收益、稳赚不赔"等内容。三看经营模式，项目真实性、资金投向、获取利润的方式等。四看参与主体，是否主要面向老年人等特定群体。

三思。一思是否真正了解产品及市场行情。二思产品是否符合市场规律。三思自己是否具备承担损失的能力。

等一夜。一定要避免头脑发热，先征求家人朋友的意见，不要盲目相信造势宣传、熟人介绍、专家推荐，拖延一晚再决定。

> ❯ 延伸阅读 **庞氏骗局**

庞氏骗局源于查尔斯·庞兹所编造的投资骗局，

其支付给投资者的回报来自后续投资者的投入，且回报率往往要比其他合法投资所能提供的回报更高。当集资人无力通过继续吸引投资者满足新的投资需求时，便会出现崩盘。庞氏骗局会给投资者造成不可避免的经济损失，扰乱正常投融资秩序，损害人们对金融体系的信心。近年来许多非法集资活动打着金融创新的旗号，实质仍是"借新还旧"的庞氏骗局。

**什么是非法证券期货活动？**

　　非法证券期货活动是指未经批准或核准，擅自从事证券期货特许业务或特定活动的行为，可分为非法证券活动和非法期货活动两大类。非法证券活动主要包括两类，一是非法发行证券，如非法发行原始股；二是非法经营证券业务，如非法荐股、场外配资。非法期货活动主要包括两类，一是非法组织期货交易，如外盘期货；二是非法经营期货业务，如期货配资。非法证券期货活动往往面向社会公众开展，具有涉众性广、欺骗性强的特征，扰乱资本市场正常秩序，损害投资者合法权益。

## 如何识别及防范非法荐股行为?

首先是远离可疑渠道，保护个人信息。不轻易相信任何可疑网站、陌生电话、手机短信发来的投资咨询信息，不随意泄露自己的家庭、身份及财务等个人信息资料。

其次是注意核查资格，索取并查验合同。在接受服务前，在证券业协会网站的"信息公示"核实从业人员及所在机构的证券投资咨询业务资格。同时，签订书面合同时，要求对方提供合同原件，仔细查验合同内容，防范单方免责条款陷阱。

最后要注意识别汇款账号，全程留存有关证据。合法机构汇款不得进入私人账户。注意留存接受证券投资咨询服务时所签订的相关协议、汇款单据等凭证，若发生纠纷便于通过法律途径维护个人合法权益，挽回损失。

## 非法外汇交易的危害是什么？

非法外汇交易是指逃汇、骗购外汇及非法买卖外汇等行为。非法外汇交易背后可能存在贪腐、赌博、走私、骗税、洗钱、偷逃税等违法犯罪活动，严重扰乱金融市场和社会秩序，危害人民群众财产安全和国家经济金融安全。

## 如何远离非法外汇交易？

企业、个人应树立诚实守信的用汇意识，外汇跨境收支和兑换均应有真实、合法的交易背景；境内结汇、购汇应在银行办理，小额兑换也可以在批准的货币兑换特许机构进行。在银行、特许货币兑换机构等规定场所以外办理结汇、购汇，可能构成非法买卖外汇行为。

> **典型案例**　通过地下钱庄进行外汇交易

　　2017 年 5 月至 2019 年 11 月，杨某通过地下钱庄买卖外汇 47 笔，合计金额 198.5 万美元，构成非法买卖外汇行为。外汇局依法依规对其处罚 155.8 万元人民币，并将相关处罚信息纳入人民银行征信系统。

# 49　虚拟货币对金融安全的影响有哪些?

　　虚拟货币不由货币当局发行，不具有法偿性与强制性等法定货币属性，不具有与法定货币等同的法律地位。虚拟货币可能通过多种途径影响金融安全。一是虚拟货币技术的匿名性会为洗钱、恐怖融资、跨境赌博等非法行为提供便利。二是虚拟货币的流通会对法定货币的地位形成挑战。三是一些虚拟货币发行以投机甚至诈骗为目的，危害人民群众财产安全。四是虚拟货币价格波动剧烈且易受舆论影响，加大了投资风险。五是虚拟货币交易具有无国界性的特点，为逃避跨境资金管理规定、进行非法跨境资金转移提供了温床。

> **延伸阅读** **国际社会对虚拟货币的监管**

国际上，美国、欧盟对虚拟货币实行功能监管，即将虚拟货币初次发行、增发和交易等与现有金融工具进行类比，如符合则需纳入监管。如对初次代币发行（ICO）的相关监管做法参照股票的首次公开发行（IPO）执行。英国、新加坡和瑞士等国则对虚拟货币进行分类，再按照职能划分由对应监管机构履行监管职能，如英国将电子货币类代币和证券类代币分别纳入不同的监管框架。

# 50 金融消费权益保护有什么重要意义？

　　当前，我国金融对外开放水平不断提高，经济金融形势变化较快，金融产品和服务创新多、复杂性强，而我国金融消费者整体金融知识素养和风险承受能力仍有待提升，金融消费者合法权益易被侵害，从而遭受重大损失。强化金融消费权益保护工作，规范金融市场主体经营行为，有助于对重点领域风险做到"早识别、早预警、早发现、早处置"，阻断金融风险传导，完善金融安全防线和风险应急处置机制，从而保护金融消费者长远和根本利益。

> **延伸阅读　金融市场的"羊群效应"**
>
> 　　在金融市场上，"羊群效应"指单个投资者由于对信息掌握不够全面充分，难以对市场形成合理预期，往往通过观察其他同类投资者的行为获取信息，从而产生具有趋同性的非理性投资行为。一般表现为

在追涨时蜂拥而至，在市场大跌时纷纷恐慌出逃，甚至出现踩踏效应，加剧市场波动，影响金融市场乃至金融体系稳定。抑制"羊群效应"，一方面要加强投资者教育，提高投资者理性投资和风险防范能力。另一方面需要金融管理部门加强政策协调，与市场主体有效沟通，稳定市场预期，维护市场平稳运行。

## *51* 气候相关金融风险有哪些?

气候相关金融风险是指极端天气、自然灾害、全球变暖等气候因素及社会向可持续发展转型对经济金融活动带来的潜在不确定性，包括物理风险和转型风险。物理风险是指由极端天气、自然灾害及相关事件导致财产损失的风险。转型风险是指社会向可持续发展转型的过程中，气候政策转向、技术革新和市场情绪变化等因素导致金融机构发生损失的风险。

## 气候风险如何危害金融安全？

　　物理风险主要体现为极端天气或自然灾害对金融体系的影响：一是导致债务人偿债能力下降、抵押品损毁或贬值，金融机构信用风险上升。二是金融机构资产价值受气候变化影响出现波动，市场风险上升。三是可能导致金融机构业务中断，操作风险上升。四是财产险、农业险和业务中断险理赔给付高于预期，保险风险上升。

　　转型风险对金融体系的影响主要体现为：一是"棕色"企业偿债能力下降、抵押品贬值，金融机构信用风险上升。二是金融机构持有的"棕色"资产预期收益减少、市场价值下降，市场风险上升。三是气候相关政策转向，持有"棕色"资产的金融机构声誉风险上升。

　　总体看，气候风险具有"长期性、结构性、全局性"特征，在金融加速器和抵押品约束机制下，市场信号可能会放大气候风险的严重程度，危害金融安全。

 **金融机构如何应对气候相关金融风险？**

在银行领域，创新适合清洁能源和绿色项目的产品和服务，推出绿色建筑、绿色建材、可再生能源规模化应用等领域的融资支持工具，发展绿色消费信贷。

在保险领域，完善环境责任保险种类，探索减排责任保险，创新保险产品，构建品种丰富的碳保险交易产品体系，鼓励再保险公司主动合理承保气候相关保险产品。

在资本市场领域，支持符合条件的绿色企业融资，发展绿色公司债券市场，强化上市公司环境信息披露监管，发展覆盖环保产业、可持续发展、新能源等领域的绿色金融指数。

> **❯ 重要论述　积极应对气候变化**
>
> 坚持人与自然和谐共生。完善全球环境治理，积极应对气候变化，构建人与自然生命共同体。加快绿色低碳转型，实现绿色复苏发展。中国将力争 2030 年前实现碳达峰、2060 年前实现碳中和，这需要付出艰苦努力，但我们会全力以赴。
>
> ——习近平总书记 2021 年 9 月 21 日在第七十六届联合国大会一般性辩论上的讲话
>
> 中国秉持人与自然生命共同体理念，坚持走生态优先、绿色低碳发展道路，加快构建绿色低碳循

环发展的经济体系，持续推动产业结构调整，坚决遏制高耗能、高排放项目盲目发展，加快推进能源绿色低碳转型，大力发展可再生能源，规划建设大型风电光伏基地项目。

——习近平总书记2021年11月1日向《联合国气候变化框架公约》第二十六次缔约方大会世界领导人峰会发表书面致辞

习近平出席气候变化巴黎大会开幕式

# 篇三

# 健全金融安全保障

# 54 国务院金融稳定发展委员会的职责是什么？

2017 年，经党中央、国务院批准，国务院金融稳定发展委员会（简称金融委）成立。金融委不替代各部门职责分工和工作程序。金融委办公室设在人民银行，主任由人民银行行长兼任。作为国务院统筹协调金融稳定和改革发展重大问题的议事协调机构，金融委负责落实党中央、国务院关于金融工作的决策部署；审议金融业改革发展重大规划；统筹金融改革发展与监管，协调货币政策与金融监管相关事项，统筹协调金融监管重大事项，协调金融政策与相关财政政策、产业政策等；分析研判国际国内金融形势，做好国际金融风险应对，研究系统性风险防范处置和维护金融稳定重大政策；指导地方金融改革发展与监管，对金融管理部门和地方政府进行业务监督和履职问责；等等。

## 55 我国金融管理部门主要包括哪些?

　　我国金融管理部门包括中国人民银行（简称人民银行）、中国银行保险监督管理委员会（简称银保监会）、中国证券监督管理委员会（简称证监会）和国家外汇管理局（简称外汇局）。各部门分工协作，在各自职权内履行金融管理职能，共同维护国家金融稳定和安全。人民银行在国务院领导下，制定和执行货币政策，负责宏观审慎管理，牵头负责系统性金融风险防范和应急处置，维护国家金融安全；银保监会依法依规对全国银行业和保险业实行统一监督管理，维护银行业和保险业合法、稳健运行；证监会依照法律、法规和国务院授权，统一监督管理全国证券期货市场、维护证券期货市场秩序，保障其合法运行；外汇局依法履行外汇管理职责。

**》延伸阅读　我国金融行业自律组织**

金融行业自律组织是金融监管体系的组成部分。实践证明，在成熟的市场环境下，金融机构的稳健运行，一般以国家监管机构、金融机构内部控制、行业自律和社会监督"四位一体"的安全体系为保障。我国的金融行业自律组织有中国银行业协会、中国证券业协会、中国期货业协会、中国证券投资基金业协会、中国保险行业协会、中国信托业协会、中国银行间市场交易商协会等。金融行业自律组织的职责主要包括制定行业自律规则，规范从业人员资格认证，维护行业和市场秩序等。

# 56 我国地方金融监督管理部门的职责有哪些？

近年来，地方金融业态快速发展，在服务地区经济和中小企业融资方面发挥了重要作用。但部分机构内控机制不健全，发展定位产生偏差，存在一定的风险隐患。2017 年以来，各省、自治区、直辖市成立地方金融监督管理局，对地方金融组织进行监管。地方金融监督管理局可以开展非现场监督管理和现场检查，建立地方金融风险监测预警机制，视情采取风险处置措施，确保中央对加强地方金融监管的各项部署得到落实。

##  金融委办公室地方协调机制是什么？

2020 年 1 月，经国务院同意，金融委办公室地方协调机制在全国各省（区、市）建立，设在人民银行省级分支机构，由其主要负责同志担任召集人，银保监会、证监会、外汇局省级派出机构、省级地方金融监管部门主要负责同志以及省级发展改革部门、财政部门负责同志为成员。

金融委办公室地方协调机制主要职责有：一是落实中央决策部署，推动落实金融委涉及地方的各项工作安排。二是加强中央金融管理部门派出机构之间、中央金融管理部门派出机构与地方金融监管部门之间的监管协调和政策沟通。三是促进区域金融改革发展和稳定，分析研判区域金融风险形势，加强风险监测评估。四是推动金融信息共享，畅通重大事项沟通交流渠道。五是协调做好消费者权益保护工作和金融生态环境建设。

**建立金融委办公室地方协调机制　加强中央与地方金融协作**

 **我国金融法律体系现状如何？**

改革开放四十多年来，我国金融法治建设不断加强，基本建立了既符合国情又与国际接轨的现代金融法律体系，形成了以中国人民银行法、商业银行法、银行业监督管理法、证券法、保险法、证券投资基金法、信托法、票据法、反洗钱法共九部基础金融法律为核心，以金融行政法规、金融管理部门规章规范性文件为重要内容的多层次金融法律体系，为金融业改革发展奠定了坚实的法律基础。近年来，部分地区陆续出台了十余部地方性金融法规，金融领域行业协会、交易场所等市场自律组织也制定了大量自律规则，为不断健全我国金融法律体系提供了有益补充。

> **延伸阅读**　《证券法》奠定资本市场规范发展的法律基础

《证券法》是资本市场的基本大法，确立了资本市场在我国经济发展中的法律地位，奠定了资本市场规范发展的法律基础。《证券法》围绕证券市场的发行、交易、信息披露、投资者保护、证券交易所、证券公司监管、证券登记结算、证券服务机构、监管执法等基础性制度作出了系统性规定，为防范化解市场风险、培育发展市场、保护中小投资者合法权益提供了法律依据。《证券法》制定于1998年，并分别于2005年、2019年做了两次比较大的修订。2019年《证券法》全面修订，共修改166条、删除

24条、新增24条，修改内容主要涉及十个方面。《证券法》的全面修订在巩固和发展资本市场改革成果的同时，开启了资本市场的新征程。

## 我国资本市场的法律体系是怎样的？

资本市场是规则导向型市场，法治建设在资本市场改革发展中发挥着"固根本、稳预期、利长远"的保障作用。经过30多年的改革发展，目前我国资本市场形成了以公司法、证券法、证券投资基金法等法律为核心，以刑法、企业破产法等法律为支撑，以行政法规、司法解释、部门规章、规范性文件为主干，以证券期货交易场所、登记结算公司、行业协会自律规则为配套的中国特色的资本市场法律体系。

**延伸阅读**　《公司法》对资本市场发展的
作用

　　《公司法》对公司设立、出资、组织架构、治理
机制和市场出清等作出了基本规定，既为资本市场的
运行提供了主体制度，也为监管工作提供了依托。该
法制定于1993年，是最早规范证券市场制度的法律，
2005年《公司法》《证券法》联动修改，将《公司法》
中有关股票发行上市的制度安排移入《证券法》。2018
年，证监会推动立法机关对《公司法》第一百四十二
条有关公司股份回购的规定进行了专项修改，增加了
股份回购的情形，适当简化股份回购的决策程序，建
立健全股份公司库存股制度，为上市公司通过股份回
购开展并购重组、优化治理结构提供了有力法律支持。

 **我国如何保持货币币值稳定?**

　　实现货币币值稳定，要保持我国总供给总需求基

本平衡和物价走势总体稳定，确保经济不发生严重通胀或通缩。进入新发展阶段，货币政策实现"币值稳定"的中介目标，为保持广义货币供应量（M2）和社会融资规模增速同名义经济增速基本匹配，这是健全现代货币政策框架的重要内容。这一中介目标锚定方式有利于搞好跨周期政策设计，以适度的货币增长支持高质量发展，为宏观政策实施提供更加科学合理的"锚"。同时，这一锚定方式将稳定宏观杠杆率的机制嵌进了货币政策中介目标之中，有利于实现稳增长和防风险长期均衡。

## 我国怎样开展外汇市场管理？

　　近年来，我国探索建立了外汇市场"宏观审慎＋微观监管"两位一体管理框架，为在防控风险前提下扩大开放提供了有力保障。一方面，以加强宏观审慎为核心改善跨境资本流动管理，建立健全监测、预警和响应机制，不断丰富和完善宏观审慎政策工具箱，逆周期、市场化调控外汇市场主体的顺周期行为，维护外汇市场基本稳定，守住不发生系统性风险底线。另一方面，以转变监管方式为核心完善外汇市场微观监管，加强和改善外汇业务真实性管理，强化功能监管和行为监管，"零容忍"打击违法违规活动，坚持外汇市场微观监管执法标准的跨周期一致性、稳定性和可预期性，维护外汇市场健康秩序。

**国家外汇管理局微信公众号**

## 我国如何防范化解地方政府债务风险？

一方面，切实加强法定债务发行使用管理。合理确定政府债券规模，保持适度支出强度。完善新增地方政府债务限额分配机制，提高债券资金使用绩效。另一方面，持之以恒防范化解隐性债务风险。坚决遏制隐性债务增量，稳妥化解隐性债务存量，完善常态化监控机制，对各类隐性债务风险力争做到早发现、早处置。

> **相关知识**　地方政府债务

地方政府债务一般指《预算法》中明确规定的法定债务，即"经国务院批准的省、自治区、直辖市的预算中必需的建设投资的部分资金，可以在国务院确定的限额内，通过发行地方政府债券举借债务的方式筹措……举借的债务应当有偿还计划和稳定的偿还资金来源，只能用于公益性资本支出，不得用于经常性支出"。

# 63 我国如何应对企业部门债务风险?

　　一是降低企业杠杆率。根据 2016 年发布的《关于积极稳妥降低企业杠杆率的意见》要求,有关部门稳妥有序开展市场化债转股工作,通过改善企业原有治理结构,推动其防范化解债务风险。同时,积极采取简政放权、国企改革、兼并重组、僵尸企业出清、化解过剩产能等多项供给侧结构性改革措施,充分释放市场活力,淘汰低效生产者,提高企业盈利水平,增强企业债务清偿能力。二是改善企业融资结构。稳步推进资本市场改革,推动债券市场高质量发展,建设直接融资和间接融资协调发展的金融市场体系,提高企业直接融资特别是股权融资比重。三是提高金融市场配置资金的效率,持续深化利率、汇率、监管等相关改革。

 **如何发挥信用环境和金融生态对金融安全稳定的促进作用？**

　　建立良好的信用环境和金融生态，对于充分发挥金融功能，促进金融市场稳健运行，维护金融安全稳定具有重要意义。金融生态环境改善是一个长期的过程，主要包括以下内容：一是完善金融法律环境。完善金融立法，加强对债权人的法律保护，建立健全符合市场经济要求的金融企业市场退出机制；大力提高执法能力，依法严厉打击"逃废债"行为。二是加强社会信用体系和良好信用文化的建设。建立和完善直接服务于金融机构和金融市场的征信体系，建立健全信用监督和失信惩戒制度；加强诚信宣传教育，培育企业和公众的信用意识，建立与现代经济和金融发展相适应的现代信用文化。三是持续深化改革。积极转变政府职能，深化国有企业改革，改善政府、金融机构和企业之间的关系，建立平等、互利、互信的银企关系。

# 65 我国防范化解房地产相关金融风险应坚持什么原则？

牢牢坚持房子是用来住的、不是用来炒的定位，坚持不将房地产作为短期刺激经济的手段，坚持稳地价、稳房价、稳预期，稳妥实施好房地产金融审慎管

理制度，加大住房租赁金融支持力度，促进房地产业
良性循环和健康发展。

## 人民银行如何监测评估系统性金融风险？

　　人民银行不断完善系统性金融风险监测、评估和
预警体系，探索从多个层面分析系统性金融风险的来
源与可能传导渠道，以及如何运用指标表征相关风
险。定期发布《中国金融稳定报告》，全面评估我国
金融体系稳健性状况，提升金融风险防控的前瞻性和
有效性。宏观上，关注宏观杠杆率和偿债能力风险、
外部冲击风险等，建立健全相关监测指标体系。中观
上，关注金融业自身运行中可能产生的风险积累，持
续对银行业、证券业、保险业进行稳健性评估，综合
运用金融市场压力指数监测股票、债券、货币和外汇
等市场风险。微观上，关注单体金融机构风险，稳步
推进央行金融机构评级、银行业压力测试、公募基金

流动性风险压力测试等工作，建立银行风险监测预警机制，开展保险公司稳健性现场评估，持续进行大型有问题企业风险监测。

## ❯ 相关知识　什么是系统性金融风险？

根据国际货币基金组织、金融稳定理事会和国际清算银行等相关国际组织的定义，系统性金融风险是指，由于金融体系的部分或全部功能受到破坏所引发的大规模金融服务的中断，以及由此对实体经济造成的严重负面冲击。

系统性金融风险一般来源于时间和结构两个维度。从时间维度看，系统性金融风险一般由金融活动的一致行为引发并随时间累积，主要表现为金融杠杆的过度扩张或收缩，由此导致的风险顺周期的自我强化、自我放大。从结构维度看，系统性金融风险一般由特定机构或市场的不稳定引发，通过金融机构、金融市场、金融基础设施间的相互关联扩散，主要表现为风险跨机构、跨部门、跨市场、跨境传染。

人民银行发布《中国金融稳定报告（2021）》

 **2008 年以来国际社会进行了哪些监管改革？**

2008 年国际金融危机爆发后，在二十国集团（G20）的推动下，金融稳定理事会牵头各标准制定机构总结危机教训，识别金融体系脆弱性，制定金融部门改革政策，主要包括：制定巴塞尔Ⅲ银行监管标准，进一步增强银行抗风险能力；加强宏观审慎管理；明确全球系统重要性金融机构（G-SIFIs）名单，引入总损失吸收能力（TLAC）等要求，解决"大而不能倒"的问题；加强对影子银行的监管；促进场外衍生品市场改革；完善金融市场基础设施；等等。

> **相关知识** **金融稳定理事会**

根据 2009 年 4 月二十国集团伦敦峰会宣言正式

组建。金融稳定理事会，是推动全球金融监管标准制定与执行的核心机构，我国于 2009 年 5 月加入。

## *68* 为什么要进行宏观审慎管理？

2008 年国际金融危机表明，价格稳定不足以保证金融稳定，即使物价基本稳定，金融市场、资产价格的波动也可能很大；金融机构个体稳健也不能代表金融体系整体稳健，金融体系的顺周期性、个体风险的传染性可能加剧整体的不稳定，导致系统性风险。为此，亟须从宏观和整体的角度来观察、分析金融风险，防范系统性金融风险的顺周期累积以及跨机构、跨行业、跨市场和跨境传染，提高金融体系韧性，维护金融体系的整体稳定。宏观审慎政策因具有上述特征，在危机后得到普遍重视，成为各国健全金融管理体制的重要举措。

**如何运用宏观审慎政策工具防范风险？**

　　宏观审慎政策工具主要用于防范金融体系的整体风险，具有"宏观、逆周期、防传染"的基本属性，这是其有别于主要针对个体机构稳健、合规运行的微观审慎监管的重要特征。宏观审慎政策工具往往具有"时变"特征，即根据系统性金融风险状况动态调整，以起到逆周期调节的作用。例如，在信贷增速过快、系统性风险累积时，提高逆周期资本缓冲要求以增加银行贷款成本、抑制信贷投放冲动并为潜在损失建立缓冲；在风险暴露时下调逆周期资本缓冲要求，以吸收损失，提高银行信贷支持能力。

**人民银行发布《宏观审慎政策指引（试行）》**

## 我国完善系统重要性金融机构监管的政策措施有哪些？

2018 年 11 月，人民银行、银保监会、证监会联合发布《关于完善系统重要性金融机构监管的指导意见》，对我国系统重要性金融机构评估、监管和处置机制建设作出了规定，标志着我国系统重要性金融机构监管框架的初步建立。2021 年 10 月，人民银行、银保监会联合发布《系统重要性银行附加监管规定(试行)》，完善系统重要性金融机构监管。一是对系统重要性银行提出更高的资本和杠杆率要求，推动其提高损失吸收能力，降低发生重大风险的可能性。二是要求系统重要性银行制定并更新恢复处置计划，预先筹划重大风险情形下的应急预案，明确股东和债权人的风险化解与损失承担责任，提高风险可处置性。三是从宏观审慎管理角度，强化事前风险预警，与微观审慎监管加强统筹、形成合力。

**相关知识**　我国的系统重要性银行

　　2021年10月，根据《系统重要性银行评估办法》，人民银行、银保监会公布了我国首批系统重要性银行名单，包括工商银行、中国银行、建设银行、农业银行、交通银行、招商银行、兴业银行、浦发银行、中信银行、民生银行、邮储银行、平安银行、光大银行、华夏银行、广发银行、宁波银行、上海银行、江苏银行、北京银行。

# 71　我国为什么要加强对金融控股公司的监管？

　　近年来，我国一些大型金融机构开展跨业投资形成金融集团，还有部分非金融企业投资控股多家多类金融机构，形成一批具有金融控股公司特征的企业。金融控股公司规模大、业务多元化、关联度较高、风险外溢性强，直接关系到国家金融安全和社会公共利益。从近年来一些风险处置案例看，部分非金融企业盲目向金融业扩张，甚至将金融机构作为"提款机"，风险不断累积和暴露。因此，必须对金融控股公司实施准入管理和持续监管，补齐监管制度短板，防范化解系统性风险，提升金融服务实体经济的质效。

## 我国金融控股公司监管架构是怎样的?

　　根据 2020 年 9 月发布的《国务院关于实施金融控股公司准入管理的决定》和《金融控股公司监督管理试行办法》，人民银行依法对金融控股公司实施监管，审查批准金融控股公司的设立、变更、终止以及业务范围。金融管理部门依法按照金融监管职责分工对金融控股公司所控股金融机构实施监管。财政部负责制定金融控股公司财务制度并组织实施。人民银行会同相关部门建立金融控股公司监管跨部门联合机制，加强监管合作和信息共享。

## 加强金融控股公司监管的原则和重点是什么？

对金融控股公司的监管遵循宏观审慎管理理念，以并表为基础，对金融控股公司的资本、行为和风险进行全面、持续、穿透监管。一是实施市场准入管理。非金融企业投资控股两类或两类以上的金融机构、所控股金融机构的类型和资产规模具备规定情形的，应当设立金融控股公司，纳入监管范畴。二是坚持总体分业经营。金融控股公司开展股权投资与管理，自身不直接从事商业性金融活动，由控股的金融机构来开展具体金融业务，分业经营，相互独立，建立风险防火墙。三是围绕系统性风险的防范，落实重点监管内容。主要包括隔离实业板块和金融板块，规范股东资质和股权管理，实施对金融控股公司整体的资本监管、公司治理和关联交易的监管，建立金融控股公司统一全面的风险管理体系，防范风险交叉传染。

# 74 我国如何加强金融基础设施统筹监管?

加强金融基础设施统筹监管是 2008 年国际金融危机后金融监管改革的重要内容之一。2020 年，人民银行、发展改革委、财政部、银保监会、证监会、外汇局联合印发《统筹监管金融基础设施工作方案》，统一监管标准，健全准入管理，优化设施布局，健全治理结构，推动形成布局合理、治理有效、先进可靠、富有弹性的金融基础设施体系。

> **❯ 相关知识　我国金融基础设施统筹监管范围**

我国金融基础设施统筹监管范围包括金融资产登记托管系统、清算结算系统（包括开展集中清算业务的中央对手方）、交易设施、交易报告库、重要支付系统、基础征信系统等六类设施及其运营机构。

## 我国银行资本监管的具体要求是什么？

　　我国银行资本监管以资本充足率监管体系为核心。资本充足率监管要求包括最低资本要求、储备资本要求，以及逆周期资本要求、系统重要性银行附加资本要求和第二支柱监督检查等资本要求。2012 年发布的《商业银行资本管理办法（试行）》对银行各级资本的最低要求为：核心一级资本充足率不得低于

5%，一级资本充足率不得低于 6%，资本充足率不得低于 8%。在此基础上，商业银行还需满足储备资本要求（2.5%）、相关逆周期资本要求和系统重要性银行附加资本要求等。

> **相关知识**　**商业银行理财业务**

　　2018 年 9 月，银保监会发布《商业银行理财业务监督管理办法》，明确理财产品是指商业银行、理财公司按照约定条件和实际投资收益情况向投资者支付收益、不保证本金支付和收益水平的非保本理财产品。根据募集方式不同，可分为公募理财产品和私募理财产品。根据投资性质不同，可分为固定收益类、权益类、商品及金融衍生品类和混合类理财产品。理财产品应当在全国银行业理财信息登记系统登记、获得登记编码，并在销售文件显著位置列明，投资者可以依据编码在中国理财网查询产品信息。

## 我国保险业偿付能力监管的具体要求是什么？

根据 2021 年发布的《保险公司偿付能力管理规定》，我国保险业偿付能力监管的主要指标有：核心偿付能力充足率、综合偿付能力充足率和风险综合评级。核心偿付能力充足率衡量保险公司高质量资本的充足状况，不得低于 50%。综合偿付能力充足率衡量保险公司资本的总体充足状况，不得低于 100%。风险综合评级衡量保险公司总体偿付能力风险的大小，分为 A、B、C、D 四类，偿付能力达标公司的风险综合评级不得低于 B 类。

> **❯ 相关知识** **保险资产管理产品**
>
> 2020 年 3 月，银保监会发布《保险资产管理产品管理暂行办法》，明确保险资产管理产品形式包括债权投资计划、股权投资计划和组合类保险资产管理产品等。保险资产管理产品定位为私募产品，面

向合格投资者非公开发行，在打破刚性兑付、消除多层嵌套、去通道、禁止资金池业务、限制期限错配等方面，与资管新规保持一致。

 **我国资产管理行业的相关监管制度有哪些？**

2018年4月，人民银行会同银保监会、证监会、外汇局发布《关于规范金融机构资产管理业务的指导意见》。此后，相关部门相继制定完善商业银行及其理财子公司理财业务、证券期货经营机构私募资产管理业务、保险资产管理业务、金融资产投资公司资产管理业务等配套细则，出台标准化债权类资产认定规则等，逐步建立了较为完整的资产管理行业监管制度体系。在上述监管制度的指导和约束下，金融机构稳步整改，影子银行风险趋于收敛，资金空转、规避监管等乱象得到遏制，资产管理行业呈现稳健发展态势。

> 相关知识 证券期货经营机构私募资产管理业务

2018 年 10 月，证监会发布《证券期货经营机构私募资产管理业务管理办法》和《证券期货经营机构私募资产管理计划运作管理规定》，重点对流动性风险和关联交易进行了规制。流动性风险防控方面，一是强调期限匹配，明确具体要求；二是根据不同私募资产管理产品的特征，限制产品开放频率，规范高频开放产品投资运作；三是要求集合资产管理计划在开放退出期内，保持 10% 的高流动性资产；四是明确流动性风险管理工具，包括延期办理巨额退出申请等。关联交易规制方面，一是明确基本原则，关联交易应当事先取得全部投资者同意，事后告知投资者和托管人，并履行报告义务；二是禁止将集合计划资产投向管理人、托管人及其关联方的非标准化资产；三是禁止利用分级产品为劣后级委托人及其关联方提供融资；四是关联方参与资产管理计划的，证券期货经营机构应当履行披露和报告义务，并监控资产管理计划账户。

## 78 我国推进债券市场制度建设做了哪些工作？

当前，债券市场已成为我国金融市场体系中最为开放、最具活力的部分，在提升直接融资比重、提高市场资源配置效率、服务实体经济、防范化解风险方面发挥了重要作用。近年来，人民银行会同发展改革委、财政部、银保监会、证监会等部门不断加强监管协同，聚焦违约处置、信息披露、信用评级管理、统一执法、市场化发行机制、绿色债券发展、高水平对外开放等市场各方关注的问题，不断完善基础性制度建设，统一制度规则，加快补短板步伐。未来，将继续坚持问题导向，推动完善债券市场法律体系，全面提升债券市场法治水平，助力债券市场健康平稳发展。

## 如何防范化解债券违约风险？

防范化解债券违约风险要坚持市场化法治化原则，从建立健全责任明确的风险防控体系、加强风险动态排查监测、完善违约债券转让等市场化机制、畅通司法救济法治化渠道、严厉打击"逃废债"等违法违规行为等方面入手，区分增量与存量、发行人短期流动性困难与持续经营能力丧失，分类采取措施，稳妥有序处置债券市场违约风险。

# 我国是如何应对 2015 年股市异常波动的？

2015 年股市异常波动反映了我国股市不成熟，包括不成熟的交易者、不完备的交易制度、不完善的市场体系、不适应的监管制度。采取的主要措施有：

一是注入流动性和平衡供求。以多种方式向市场提供流动性，中证金融公司采取市场化、多渠道方式筹集资金入市，中投公司、全国社保基金、证券公司、保险公司协同入市。鼓励国有上市公司及其大股东增持、回购股票。暂停新股发行，限制上市公司大股东和董监高 6 个月内减持。

二是完善市场规制。通过修订证券公司融资融券规则、调整银行业金融机构风险控制标准等措施，允许合约展期或调整担保品，缓解强制平仓压力。多种方式扩大证券公司融资渠道，提高股指期货交易保证金，抑制过度投机。

三是净化市场环境。证监会开展专项执法行动，对严重危害市场秩序的重大违法违规行为开展集中打击，严厉查办虚假陈述、内幕交易、操纵市场、非法经营证券业务、编造传播虚假信息等120起典型案例。大力清理场外配资，对出现异常交易的证券账户、涉嫌违法违规的股指期货账户采取限制交易措施。

## 如何保障支付清算系统安全？

支付清算系统面临的风险主要有流动性风险、法律风险和运行风险。近年来，随着市场经济的不断发展和对外开放的持续扩大，我国支付清算系统重要性日益凸显，同时也面临更大挑战。人民银行不断完善相关工作框架，通过提供丰富的流动性管理工具、构建完备的法律框架、建立健全应急处置机制等措施，持续强化支付清算系统安全稳定运行基础，切实防范风险。

## 我国防范洗钱和恐怖融资的措施有哪些？

　　我国为预防和遏制洗钱、恐怖融资及相关违法犯罪活动，维护国家安全和金融秩序，从多个层面开展工作。一是构建反洗钱法律制度体系。1997年首次将洗钱纳入刑事打击范畴并通过历次刑法修正案完善《刑法》关于洗钱犯罪的规定，2006年颁布实施《反洗钱法》，同时出台一系列相关规章制度。二是加强反洗钱监管。要求各金融机构及特定非金融机构严格落实反洗钱法律法规要求，履行反洗钱与反恐怖融资义务，构筑预防洗钱和恐怖融资的"第一道防线"。三是加大对洗钱犯罪的打击力度。依法开展反洗钱资金监测和调查，加强对洗钱和恐怖融资活动的侦查、起诉和审判，严惩犯罪活动。

## *83* 我国如何开展反假货币工作？

　　我国坚持"打防并举，标本兼治"，开展反假货币工作。人民银行牵头成立反假货币工作联席会议工作机制，推动健全相关法规制度，加大对假币犯罪活动的打击和整治力度，大力提高现金服务水平，有效堵截假币流通。同时，加大人民币防伪知识宣传教育，每年9月在全国开展"反假货币宣传月"活动，增强公众的自我保护意识和风险责任意识。

**我国将如何开展金融科技创新监管？**

一是以创新监管工具为基础，更好掌握金融科技创新的服务模式、业务本质、风险机理，增强金融监管效能，防范化解创新风险。二是以监管规则为核心，及时出台相应的监管规则，使创新有章可循、有规可依，破解因规则滞后带来的监管空白、监管套利等问题。三是以数字化监管为手段，充分发挥数据、技术等生产要素的重要作用，探索采用自然语言处理、知识图谱、深度学习等人工智能手段实现监管规则形式化、数字化和程序化，提高监管深度和广度。

 **我国针对互联网平台金融业务的监管原则是什么？**

近年来，针对互联网平台开展金融业务过程中暴露出来的风险,金融管理部门采取了一系列规范措施,完善平台经济领域金融活动监管框架,出台了《非银行支付机构客户备付金存管办法》《征信业务管理办法》《商业银行互联网贷款管理暂行办法》《互联网保险业务监管办法》《关于规范商业银行通过互联网开展个人存款业务有关事项的通知》《关于进一步规范商业银行互联网贷款业务的通知》等规章制度。对互联网平台金融业务进行监管主要遵循以下原则:一是坚决打破垄断,纠正、查处不正当竞争行为,维护公平竞争市场秩序。二是坚持所有金融活动必须依法依规纳入监管,坚持金融业务必须持牌经营。三是坚持"两个毫不动摇",依法保护产权,弘扬企业家精神,激发市场主体活力和社会创造力,增强我国金融科技企业在全球的核心竞争力。

> **重要论述** **正确认识和把握资本的特性和行为规律**

社会主义市场经济是一个伟大创造,社会主义市场经济中必然会有各种形态的资本，要发挥资本作为生产要素的积极作用，同时有效控制其消极作用。要为资本设置"红绿灯"，依法加强对资本的有效监管，防止资本野蛮生长。要支持和引导资本规范健康发展，坚持和完善社会主义基本经济制度，毫不动摇巩固和发展公有制经济，毫不动摇鼓励、支持、引导非公有制经济发展。

——习近平总书记2021年12月8日在中央经济工作会议上的讲话

> **典型案例　金融管理部门约谈网络平台企业**

2021年以来，金融管理部门约谈蚂蚁集团等14家网络平台企业，指导各平台企业围绕回归支付本源、保护个人数据隐私、落实监管要求、完善公司治理等方面深入有效整改。

## 我国金融业如何应对网络安全风险?

首先,提升制度标准完备水平,做好与《网络安全法》《个人信息保护法》和《数据安全法》等上位法的良好衔接。其次,加大网络安全投入力度,将安全能力建设落实到信息系统建设的各个环节。同时,深化网络安全技术研究,加强对新型网络攻击方式的研究分析。

## 我国防范和处置非法集资的工作机制是怎样的？

根据 2021 年 1 月发布的《防范和处置非法集资条例》，防范和处置非法集资工作机制包括：一是省、自治区、直辖市人民政府对本行政区域内防范和处置非法集资工作负总责，地方各级人民政府应当建立健全政府统一领导的防范和处置非法集资工作机制。二

是县级以上地方人民政府应当明确防范和处置非法集资工作机制的牵头部门，有关部门以及国务院金融管理部门分支机构、派出机构等单位参加工作机制；乡镇人民政府应当明确牵头负责防范和处置非法集资工作的人员。三是行业主管部门、监管部门应当按照职责分工，负责本行业、领域非法集资的防范和配合处置工作。四是国务院建立处置非法集资部际联席会议制度，联席会议由国务院银行保险监督管理机构牵头，有关部门参加。

《防范和处置非法集资条例》发布

 我国打击非法证券期货活动的
工作机制是怎样的？

2006 年发布的《关于严厉打击非法发行股票和非法经营证券业务有关问题的通知》明确，由证监会

牵头，公安部、原工商总局、原银监会、高法院、高
检院参加，成立打击非法证券活动协调小组，负责打
击非法证券活动的组织协调、政策解释、性质认定等
工作。非法证券活动查处和善后处理工作按属地原则
由各省、自治区、直辖市及计划单列市人民政府负
责，对涉嫌犯罪的，由公安机关立案查处；未构成犯
罪的，由证券监管部门、市场监管部门根据各自职责
依法作出行政处罚。

## 我国如何打击证券违法犯罪行为？

按照 2021 年发布的《关于依法从严打击证券违
法活动的意见》，我国坚决依法从重从快从严打击证
券领域恶性违法违规行为。一是突出重点，加大对欺
诈发行、财务造假和重大操纵市场等恶性违法违规行
为的打击力度，对涉案中介机构及其从业人员"一案
多查"。二是精准打击，加大对证券发行人控股股东、

实际控制人、董事、监事、高级管理人员等"关键少数"违法行为的追责力度。三是全方位追责，着力构建行政处罚、市场禁入、重大违法强制退市以及刑事追责、民事赔偿等全方位立体式追责机制。

 **我国打击资本市场造假、欺诈行为有哪些主要任务？**

《关于依法从严打击证券违法活动的意见》要求，

监管部门要依法从严从快从重查处欺诈发行、虚假陈述、操纵市场、内幕交易、利用未公开信息交易以及编造、传播虚假信息等重大违法案件。对资金占用、违规担保等严重侵害上市公司利益的行为，要依法严肃清查追偿，限期整改。加大对证券发行人控股股东、实际控制人、董事、监事、高级管理人员等有关责任人证券违法行为的追责力度。加强对中介机构的监管，存在证券违法行为的，依法严肃追究机构及其从业人员责任，对参与、协助财务造假等违法行为依法从重处罚。强化对债券市场各类违法行为的统一执法，重点打击欺诈发行债券、信息披露造假、中介机构未勤勉尽责等违法行为。

> **延伸阅读**　《刑法》对资本市场违法犯罪行为的规定

《刑法》及其修正案（一）（六）（七）等规定了欺诈发行股票债券罪，内幕交易、泄露内幕信息罪，编造并传播证券交易虚假信息罪，操纵证券交易价格罪，背信损害上市公司利益罪等一系列证券期货犯罪类型。2020 年底出台的《刑法修正案（十一）》，大幅提高欺诈发行、信息披露造假等犯罪的刑罚力度，增加新型操纵市场行为，进一步提升了证券期货犯罪的刑事处罚力度。

 **我国对虚拟货币的监管政策是什么?**

    2017 年 9 月，人民银行等七部门发布《关于防范代币发行融资风险的公告》，明确首次代币发行（ICO）进行融资本质上是一种未经批准非法公开融资的行为，涉嫌非法发售代币票券、非法发行证券以及非法集资、金融诈骗、传销等违法犯罪活动，叫停代币发行融资，并要求交易平台限期关停。2021 年 9 月，人民银行等十部门发布《关于进一步防范和处置虚拟货币交易炒作风险的通知》，再次强调虚拟货币不应且不能作为货币在市场上流通使用，虚拟货币相关业务活动属于非法金融活动，境外虚拟货币交易所通过互联网向我国境内居民提供服务同样属于非法金融活动。任何法人、非法人组织和自然人投资虚拟货币及相关衍生品，违背公序良俗的，相关民事法律行为无效，由此引发的损失由其自行承担；涉嫌破坏金融秩序、危害金融安全的，由相关部门依法查处。

## 我国发行数字人民币的目标和愿景是什么？

中国研发数字人民币体系，旨在创建一种以满足数字经济条件下公众现金需求为目的、数字形式的新型人民币，配以支持零售支付领域可靠稳健、快速高效、持续创新、开放竞争的金融基础设施，支撑中国数字经济发展，提升普惠金融发展水平，提高货币及支付体系运行效率。

**❯ 相关知识** 数字人民币

　　数字人民币是人民银行发行的数字形式的法定货币，由指定运营机构参与运营，与实物人民币等价，具有价值特征和法偿性。其主要含义包括：一是数字人民币是央行发行的法定货币。二是数字人民币主要定位于现金类支付凭证（M0），将与实物人民币长期并存。三是数字人民币是一种零售型央行数字货币，主要用于满足国内零售支付需求。四是数字人民币采取中心化管理、双层运营。

# *93* 我国如何化解和处置金融风险？

一是坚持强化金融风险源头管控，将金融活动全面纳入监管，实现风险早发现、早干预。二是坚持高效有序处置金融风险，按照稳定大局、统筹协调、分类施策、精准拆弹的基本方针，把握风险处置的时机、节奏、力度，防范次生金融风险。三是坚持权责一致、守土有责，压实市场机构的主体责任、金融监管部门的监管责任和地方人民政府的属地责任，做好常态化防范化解重大金融风险工作，不断提高金融体系抵御风险和服务实体经济的能力。

> **❯ 重要论述**　正确认识和把握防范化解重大风险

要继续按照稳定大局、统筹协调、分类施策、精准拆弹的方针，抓好风险处置工作，加强金融法治建设，压实地方、金融监管、行业主管等各方责任，压实企业自救主体责任。要强化能力建设，加强金融监管干部队伍建设。化解风险要有充足资源，研究制定化解风险的政策，要广泛配合，完善金融风险处置机制。

——习近平总书记2021年12月8日在中央经济工作会议上的讲话

## ❯ 典型案例 包商银行风险处置

2019年5月24日，人民银行、银保监会发布公告，鉴于包商银行出现严重信用风险，为保护存款人和其他客户合法权益，依法依规对包商银行实行接管。接管期间，人民银行、银保监会在防范系统性风险的同时，坚持市场化、法治化原则，防范道德风险，稳妥推进债权保障和处置工作，推动包商银行改革重组，依法申请包商银行破产清算。2021年2月7日，法院裁定宣告包商银行破产，8月19日裁定终结破产清算程序。

包商银行风险处置探索了一条商业银行市场化退出的可行路径，不仅稳妥有序化解金融风险，也进一步严肃了市场纪律，推动金融机构健康发展。

# *94* 我国存款保险如何保护存款人的权益？

　　我国存款保险覆盖所有吸收存款的银行业金融机构，包括在我国境内设立的商业银行、农村合作银行、农村信用合作社等。依据《存款保险条例》，存款保险实行限额偿付，最高偿付限额为人民币 50 万元。同一存款人在同一家投保机构所有被保险存款账户的存款本金和利息合并计算的资金数额在最高偿付限额以内的，实行全额偿付。但 50 万元以上的存款并不是没有安全保障，即使个别银行出现问题，通过运用存款保险基金促成健康的银行收购问题银行，将

存款保险
DEPOSIT INSURANCE

本机构吸收的本外币存款依照《存款保险条例》受到保护

中国人民银行授权使用

问题银行的存款转移到健康的银行，也可使存款人权益得到保护。

**❯ 相关知识　存款保险制度**

存款保险又称存款保障，是指国家通过立法的形式，设立专门的存款保险基金，明确当个别金融机构经营出现问题的时候，存款保险基金管理机构依照规定使用存款保险基金对存款人进行及时偿付，保障存款人权益，并采取必要措施维护存款以及存款保险基金安全的制度。存款保险制度是市场经济条件下保护存款人合法权益的重要制度安排和金融安全网的重要组成部分。2015 年 2 月，我国发布《存款保险条例》，标志着我国存款保险制度正式建立。

**❯ 典型案例　存款保险增强存款人信心**

2020 年 4 月 1 日，某银行股价大幅下跌。4 月 5 日，股价暴跌消息在局部地区演变成银行倒闭谣言，部分储户"担心存款安全"，前往网点集中取款。4 月 6 日，该行发布公告称，股价下跌属市场行为，并不影响储户存款，该行经营正常，现金充裕。当日，人民银行、银保监会与当地政府联合发布通知，告知储户其存款本息受《存款保险条例》保障，提醒广大储户不信谣、不传谣，不盲目集中支取存款。之后，储户集中办理取款业务现象得到缓解。

## 95　我国保险保障基金如何保护投保人的权益？

　　保险保障基金制度是成熟保险市场的重要特征。我国保险保障基金是根据《保险法》和《保险保障基金管理办法》的规定缴纳形成的行业风险救助基金，集中管理，统筹使用，用于救助保单持有人、保单受让公司或者处置保险业风险。当保险公司存在重大风险，可能严重危及社会公共利益和金融稳定时，可适时动用保险保障基金，对保单持有人提供救济或处置保险行业风险。在我国保险行业推进市场化改革，特别是在市场退出机制建立的过程中，保险保障基金制度扮演着重要角色。

 **金融领域外资安全审查的依据和工作机制是什么？**

2020 年 12 月，发展改革委、商务部发布《外商投资安全审查办法》，其中第四条明确，投资关系国家安全的重要金融服务并取得所投资企业的实际控制权的外商投资，外国投资者或境内相关当事人应在实施投资前主动申报外资安全审查。根据《外商投资安全审查办法》，国家建立外商投资安全审查工作机制，工作机制办公室设在发展改革委，由发展改革委、商务部牵头，承担外商投资安全审查的日常工作。

 **外资安全审查的程序是什么?**

根据《外商投资安全审查办法》，安全审查分为三个阶段，第一阶段是初步审查，在收到符合申报要求的材料之日起 15 个工作日内，决定是否启动安全审查。第二阶段是一般审查，在启动审查之日起 30 个工作日内作出通过审查的决定，或按程序进入下一阶段审查。第三阶段是为期 60 个工作日的特别审查，这一阶段不是每个项目的必经程序，只有未通过一般审查的项目才会进入特别审查；特殊情况下可以延长审查时限；特别审查结束后将出具审查决定。审查期间，补充材料时间不计入审查期限。

《外商投资安全审查办法》公布

 **我国资本市场投资者保护法律法规体系是什么？**

经过 30 余年的培育和发展，我国资本市场多层次投资者保护制度体系日益完善，形成了以《证券法》等法律为核心，以相关行政法规、司法解释、部门规章、规范性文件为主干，以证券期货交易场所、行业协会等业务规则为补充的投资者保护法律法规体系。在此过程中，逐步建立起了包括发行融资、上市公司及挂牌公司监管、证券期货交易结算、中介机构监管、私募市场及区域性股权市场监管、稽查执法以及对外开放各方面，覆盖资本市场运行各环节的规章

规范性文件制度体系，并将投资者保护理念及要求嵌入到各项具体制度安排中。

> **延伸阅读　《证券法》投资者保护专章**

　　2020 年 3 月实施的新《证券法》第六章专门规定了投资者保护制度，第一次从法律层面对投资者适当性管理、股东权利征集、上市公司现金分红、债券持有人会议与债券受托管理人、先行赔付、投资者保护机构调解、支持诉讼、股东代表诉讼以及证券代表人诉讼等投资者保护制度予以规定，对全面加强资本市场投资者保护具有重要意义。

> **相关知识　投资者适当性**

　　投资者适当性是指金融中介机构所提供的金融产品或服务与客户的财务状况、投资目标、风险承受水平、财务需求、知识和经验之间的契合程度。投资者适当性制度是根据投资者保护实际问题逐步建立完善起来的一项制度，旨在通过一系列措施"向投资者销售（提供）与其风险识别能力和风险承担能力相适应的产品（服务）"，是维护投资者合法权益的基础制度。

新修订的证券法表决通过

## 99 我国金融消费者权益保护制度建设的成效有哪些？

近年来，金融管理部门统筹推进金融消费者保护基本制度建设，建立健全金融纠纷多元化解机制，金融消费权益保护工作取得明显成效。一是探索构建金融消费者保护网状协调机制。建立完善"一行两会"横向的金融消费者保护协调工作机制，不断完善中央与地方金融管理部门纵向的金融消费者保护协调工作机制。二是完善金融消费者保护法律法规体系。2020年9月，人民银行发布《金融消费者权益保护实施办法》，规范金融机构各项经营行为，持续提升金融消费者权益保护水平。三是积极推进金融消费权益保护领域的标准建设。2018 年以来，人民银行与银保监会联合制定出台银行业金融机构投诉分类标准并督促指导银行业金融机构全面应用实施。四是建立健全金融纠纷多元化解机制。2019 年 11 月，最高人民法院、人民银行、银保监会联合发布《关于全面推进金融纠纷多元化解机制建设的意见》，建立健全专业高效、有机衔接、便捷利民的金融纠纷多元化解机制，保护金融消费者合法权益。五是开展金融消费者教育。加强金融知识普及，提升国民金融素养、风险防范意识和风险识别能力。根据市场形势变化，及时发布消费者风险提示，面向社会公众提示风险，保护消费者合法权益。

**遇到金融消费纠纷时如何维护自身合法权益?**

金融消费者应当依法通过正当途径客观、理性反映诉求，可向金融机构进行投诉，鼓励当事人平等协商，自行和解，不扰乱正常的金融秩序和社会公众秩序。金融机构应当切实履行投诉处理的主体责任，依照相关法律法规和合同约定进行处理。人民银行、银保监会设立投诉转办服务，金融消费者可通过人民银行 12363 金融消费权益保护咨询投诉电话、银保监会 12378 银行保险消费者投诉维权热线等渠道反映金融消费纠纷。上述部门将接收到的金融消费投诉转送至相关机构，要求其依法合规进行处理并跟踪督办。金融消费者应坚持依法理性维权，切勿轻信参与"非法代理投诉"，尤其应拒绝参与编造理由、伪造证据、提供虚假信息等非法行为。

## 101 什么是证券纠纷特别代表人诉讼制度？

新《证券法》第九十五条第三款规定了证券纠纷特别代表人诉讼制度，即投资者保护机构受五十名以上投资者委托，可以作为代表人参加诉讼，并为经证券登记结算机构确认的权利人依照前款规定向人民法院登记，但投资者明确表示不愿意参加该诉讼的除外。

**》相关知识** **证券纠纷特别代表人诉讼制度三大特色**

　　证券纠纷特别代表人诉讼制度是加强资本市场基础制度建设的重要成果，也是我国民事诉讼制度的重要创新，对于防范化解金融风险、促进资本市场改革发展和保护投资者合法权益具有里程碑意义。该制度主要有三大特色：一是确定了投资者保护机构可以依据法律规定基于投资者的授权委托取得代表人的法律地位；二是确立了"默示加入、明示退出"的诉讼参加方式，即经证券登记结算机构确认的受损害投资者，除明确表示不参加该诉讼外，自动加入诉讼程序、分享诉讼成果；三是强调运用信息技术，即依托信息化技术手段开展立案登记、诉讼文书送达、公告和通知、权利登记、执行款项发放等工作，实现"让数据多跑路、让投资者少跑腿"，便捷投资者通过诉讼维权。2021年11月，广东省广州市中级人民法院对康美药业特别代表人诉讼作出一审判决，中证中小投资者服务中心有限责任公司代表原告方胜诉，康美药业及相关责任人被判决赔偿52037名投资者24.59亿元，这标志着中国特色证券集体诉讼司法实践成功落地。

# 102　我国为什么设立金融法院？

近年来，我国金融案件数量和标的额不断增长，金融纠纷趋向多样化、复杂化，对司法体系解决金融争端的专业能力和效力提出更高要求。为此，上海金融法院和北京金融法院分别于2018年、2021年挂牌成立，主要管辖所在直辖市辖区内应由中级人民法院受理的金融民商事案件、金融行政案件等金融相关案件。金融法院的设立，有利于提高金融审判专业化水平，建立公正、高效、权威的金融审判体系，营造良好的金融法治环境，也有利于进一步提升我国金融司法的国际影响力和国际话语权。

北京金融法院正式成立

# *103* 金融信息保密有什么要求？

金融信息保密管理坚持"接触即负责"的原则，即"谁主管谁负责、谁产生谁负责、谁使用谁负责"，

133

落实金融数据保密管理主体责任。加强涉密金融信息保密管理，要严格落实保密管理相关制度规定要求，加强金融信息收集、加工、存储、传输、使用等各环节保密管理，严守"上网不涉密、涉密不上网"的原则。知悉人员应当履行保密承诺等相关保密管理要求，不得向知悉范围之外的任何单位和个人提供涉密金融信息或者可据以推断涉密金融信息的统计资料。

> **❯ 相关知识** **金融信息的概念**

　　金融信息是指在各类金融活动中产生的，与金融活动密切相关，能够影响到金融活动过程和结果的数据、情报、消息等。其内容包括政府金融信息、金融机构信息、金融市场信息、客户资源信息等。

# 视频索引

警惕假币陷阱　共筑平安家园　/053

中国银行保险监督管理委员会微信公众号　/057

习近平出席气候变化巴黎大会开幕式　/070

建立金融委办公室地方协调机制　加强中央与地方
　　金融协作　/076

国家外汇管理局微信公众号　/081

人民银行发布《中国金融稳定
　　报告（2021）》/088

人民银行发布《宏观审慎政策指引（试行）》/090

《防范和处置非法集资条例》发布　/112

# 后　记

　　金融安全是国家安全的重要组成部分，是经济平稳健康发展的重要基础。维护金融安全，是关系我国经济社会发展全局的一件带有战略性、根本性的大事。习近平总书记围绕国家金融安全多次作出重要指示批示，强调要着力深化金融改革，加强金融监管，科学防范风险，强化安全能力建设，坚决守住不发生系统性金融风险底线，为维护国家金融安全工作指明了方向，提供了遵循。为深入贯彻总体国家安全观，帮助广大干部群众科学认识、主动维护国家金融安全，中央有关部门组织编写了本书。

　　本书由人民银行牵头，发展改革委、公安部、财政部、商务部、银保监会、证监会、外汇局共同编写。易纲任本书主编，刘桂平、连维良、陈思源、余蔚平、俞建华、梁涛、李超、王春英任副主编，孙天琦、陈洪宛、高峰、王克冰、束珏婷、刘春航、张望军、贾宁任编委会成员。本书调研、写作和修改主要工作人员有：杨柳、徐晓波、刘志清、孟繁永、赵玉超、张甜甜、于超、刘铮、刘兆时、陈亚萍、潘璐、沈昶烨、杜金岳、王琦、王威棪、丁洪涛、周昇、张文杰、苗萌萌、田甜、刘丽、张伦、艾琦、刘宗杰、金逸、刘青枫、何姗、崔琨、李磊、周泽宇、陈嘉男、冯鹏杰、沈筱彦、骆雄武、张原劼、刘维特、叶航天、李婧、金星、王雅洁、李玲青、张青青。提出修改意见的专家有：刘东民、王文、宗良、雷曜、李健，在此一并表示衷心感谢。

书中如有疏漏和不足之处，还请广大读者提出宝贵意见。

编　者

2022 年 3 月

编辑统筹：张振明

责任编辑：刘志江

装帧设计：周方亚

责任校对：吕　飞

**图书在版编目（CIP）数据**

国家金融安全知识百问／《国家金融安全知识百问》编写组著 . ——
　北京：人民出版社，2022.4

ISBN 978－7－01－024659－8

I. ①国…　II. ①国…　III. ①金融风险－风险管理－中国－问题解答
　IV. ① F832.1-44

中国版本图书馆 CIP 数据核字（2022）第 047189 号

国家金融安全知识百问

GUOJIA JINRONG ANQUAN ZHISHI BAIWEN

本书编写组

人民出版社 出版发行

（100706　北京市东城区隆福寺街 99 号）

中煤（北京）印务有限公司印刷　新华书店经销

2022 年 4 月第 1 版　2022 年 4 月北京第 1 次印刷
开本：880 毫米 ×1230 毫米 1/32　印张：5
字数：65 千字

ISBN 978－7－01－024659－8　定价：23.00 元

邮购地址 100706　北京市东城区隆福寺街 99 号
人民东方图书销售中心　电话（010）65250042　65289539